spot

NUESTRO SISTEMA SOLAR

NEPTUNO

por Alissa Thielges

AMICUS

telescopio

tormenta

Busca estas
palabras e imágenes
mientras lees.

luna

nave espacial

Mira ese planeta azul.

¡Es Neptuno!

Neptuno es frío. Está muy lejos.
Es el último planeta
de nuestro sistema solar.

Marte

Neptuno

Urano

Saturno

Júpiter

telescopio

¿Ves el telescopio?

Lo necesitas para ver este planeta.

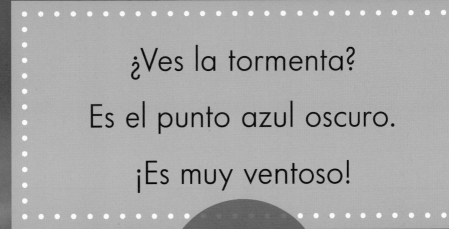

¿Ves la tormenta?

Es el punto azul oscuro.

¡Es muy ventoso!

tormenta

luna

¿Ves las lunas?

Neptuno tiene 14.

La más grande se llama Tritón.

¿Ves la nave espacial?

Fue a Neptuno.

Tomó fotografías.

nave espacial

¿Esos son anillos? ¡Sí!

Son delgados.

telescopio

tormenta

¿Lo encontraste?

luna

nave espacial

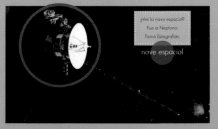

spot

Publicado por Amicus Learning, un sello de Amicus
P.O. Box 227, Mankato, MN 56002
www.amicuspublishing.us

Library of Congress Cataloging-in-Publication Data
Names: Thielges, Alissa, 1995- author.
Title: Neptuno / por Alissa Thielges.
Other titles: Neptune. Spanish
Description: Mankato, MN : Amicus, [2024] | Series: Spot. Nuestro sistema solar | Audience: Ages 4-7 | Audience: Grades K-1 | Summary: "Neptune—blue, cold, and dark. Early readers discover the ice giant's key features and what makes it different from other planets in the solar system. Simple, Spanish text and a search-and-find feature reinforce new science vocabulary in this North American Spanish translation"—Provided by publisher.
Identifiers: LCCN 2022049447 (print) | LCCN 2022049448 (ebook) | ISBN 9781645495871 (library binding) | ISBN 9781681529110 (paperback) | ISBN 9781645496175 (ebook)
Subjects: LCSH: Neptune (Planet)--Juvenile literature.
Classification: LCC QB691 .T4518 2024 (print) | LCC QB691 (ebook) | DDC 523.48—dc23/eng20230106
LC record available at https://lccn.loc.gov/2022049447
LC ebook record available at https://lccn.loc.gov/2022049448

Impreso en China

Rebecca Glaser, editora
Deb Miner, diseñador de la serie
Lori Bye, diseñador de libro
Omay Ayres, investigación fotográfica

Créditos de Imágenes: Alamy/dotted zebra 10–11; Getty/ewg3D 4–5, Science Photo Library—MARK GARLICK 14, SCIEPRO/ SCIENCE PHOTO LIBRARY cover; iStock/ Igor_Filonenko 3; NASA's Goddard Space Flight Center/JPL/Mary Pat Hrybyk-Keith 12–13; Shutterstock/bluecrayola 8–9, Dotted Yeti 1, Pixel-Shot 6–7

NEPTUNO